Inhalt

Managementbericht - Geplante Ergänzung des IFRS-Abschlusses

Kernthesen

Beitrag

Fallbeispiele

Weiterführende Literatur

Impressum

Managementbericht - Geplante Ergänzung des IFRS-Abschlusses

A.Kaindl

Kernthesen

- Das IASB hat einen Entwurf für einen Managementbericht im Rahmen der IFRS-Finanzberichterstattung vorgelegt.
- Der Managementbericht soll den Jahresabschluss begleitende Informationen aus der Perspektive des Managements bereitstellen.
- Ziel ist eine Harmonisierung der bereits vorhandenen zahlreichen nationalen Regelungen zur Lageberichterstattung.
- Mit unverbindlichen Leitlinien schlägt das IASB hier eine völlig neue Art der

Verlautbarung vor.

Beitrag

Kein Standard sondern nur unverbindliche Leitlinien

Am 23.06.2009 hat das International Accounting Standards Board (IASB) den Exposure Draft zum Management Commentary (im Folgenden ED MC) veröffentlicht. Dieser schlägt die Ergänzung des International Financial Reporting Standards IFRS-Abschlusses um einen Managementbericht vor und definiert unverbindliche Leitlinien für dessen Erstellung. (1)

Mit dem ED MC betritt das IASB in zweifacher Hinsicht Neuland: Zum einen führt es ein Rechnungslegungsinstrument ein, das bisher im Rahmen des IFRS-Regelwerks noch nicht existiert: Die IFRS kennen bisher keine Regelung, die die Darstellung des Geschäftsverlaufs der Berichtsperiode und der voraussichtlichen Entwicklung des Unternehmens aus der Perspektive des Managements vorschreibt. Zum anderen schlägt das IASB mit unverbindlichen Leitlinien eine neue Art

der Verlautbarung vor.
Aktuell erstellen die Unternehmen neben dem IFRS-Abschluss einen Lagebericht nach den jeweiligen nationalen Vorschriften. Ein grundsätzliches Problem dabei ist, dass sich die nationalen Berichterstattungen in Umfang und Qualität erheblich voneinander unterscheiden. Damit ist eine Vergleichbarkeit bisher nicht gegeben. (2), (3), (4)

Obgleich die Leitlinien primär für börsennotierte Unternehmen entwickelt wurden, macht das IASB keine Vorgaben zum Kreis der Unternehmen, die ihren IFRS-Abschluss um einen Management Commentary (im Folgenden MC) ergänzen sollen. Es ist geplant, diese Entscheidung den nationalen Gesetzgebern und Regulierungsbehörden zu überlassen. Der IASB hat sich dazu entschlossen, die Regelungen zur Managementberichterstattung nicht im Rahmen eines eigenständigen Standards zu veröffentlichen, sondern vielmehr ein unverbindliches Rahmenkonzept zur Verfügung zu stellen. Dies wird damit begründet, dass die Managementberichterstattung aufgrund der oftmals verbalen und zukunftsorientierten Ausrichtung der Daten ein abweichendes Informationsformat im Vergleich zu den "regulären" Angaben des Jahresabschlusses darstellt. Gleichzeitig hofft der IASB, dass die nationalen Gesetzgeber bzw. Börsenaufsichtsbehörden eine verpflichtende

Anwendung im jeweiligen nationalen Recht verankern. (1), (2), (3)

Der ED MC enthält weder Anwendungsleitlinien noch erklärende Beispiele. Begründet wird dies zum einen damit, dass diese entweder als Mindeststandards oder als einzig mögliche Darstellungsform missverstanden werden könnten. Zum anderen können Anwendungshinweise und Beispiele nach Auffassung des IASB besser von anderen Organisationen entwickelt werden. (1)

Managementbericht als Teil der Finanzberichterstattung

Der MC stellt wie der Lagebericht in Deutschland ein eigenständiges Berichtsinstrument dar, das den IFRS-Abschluss ergänzt und erläutert. Aufgrund des inhaltlichen Zusammenhangs ist er nicht separat, sondern nur gemeinsam mit dem Abschluss zu veröffentlichen. Managementbericht und Abschluss bilden zusammen den Finanzbericht. (1)

Rahmenkonzept für den Managementbericht

Das mit dem ED MC vorgeschlagene Rahmenkonzept für die Erstellung eines MC definiert dessen Zweck, Adressaten sowie Zeithorizont und gibt Berichtsgrundsätze und qualitative Anforderungen vor. Der Zweck eines MC besteht darin, aktuelle und potenzielle Kapitalgeber als primäre Adressaten der Finanzberichterstattung mit Informationen zu versorgen, die es ihnen ermöglichen, den Abschluss im Gesamtkontext des Unternehmens und seines Umfelds zu interpretieren. Ihre Informationsbedürfnisse bestimmen die Auswahl der im MC zu berichtenden Sachverhalte. (1)

Der ED MC listet folgende drei Berichtsgrundsätze auf:

1. Darstellung aus Sicht der Unternehmensleitung

Den Adressaten soll ermöglicht werden, das Unternehmen "durch die Augen des Managements" zu sehen. Dabei liegt die Annahme zugrunde, dass die Informationen, die die Unternehmensleitung für Planungs- und Kontrollzwecke heranzieht, grundsätzlich auch für die Adressaten des MC nützlich sind.

2. Ergänzung und Erläuterung der Abschlussinformationen

Dieser Grundsatz fordert, dass Betragsangaben im Abschluss durch zusätzliche Informationen zu erklären und weitergehende, nicht im Abschluss enthaltene Informationen über das Geschäft und die Lage des Unternehmens offen zu legen sind.

3. Zukunftsorientierung.

Durch verbale Ausführungen oder quantitative Angaben ist über die künftige Entwicklung des Unternehmens zu berichten.

Um für die Adressaten von Nutzen für ihre Entscheidungen zu sein, müssen die nach den drei Berichtsgrundsätzen dargestellten Informationen nachfolgend genannte qualitative Anforderungen erfüllen: Relevanz, glaubwürdige Darstellung, Vergleichbarkeit, Überprüfbarkeit, Zeitnähe, Verständlichkeit, Wesentlichkeit und Berücksichtigung des Kosten-Nutzen-Verhältnisses. (1), (2)

Inhalt der Managementberichterstattung

Im ED MC werden die Inhalte des MC durch die nachfolgend aufgelisteten fünf Themenfelder umrissen. Deren inhaltlichen Anforderungen sind eher allgemein gehalten und mit einem sehr geringen Detaillierungsgrand formuliert:

- Geschäft und Rahmenbedingungen

Durch eine Beschreibung des Geschäftsmodells sollen die Adressaten ein Verständnis für das Unternehmen und sein Umfeld gewinnen.

- Ziele und Strategien des Managements

Ausführungen zu den Zielen und Strategien dienen dazu, ein Bild von den Prioritäten und notwendigen Ressourcen zur Zielerreichung zu vermitteln.

- Wesentliche Ressourcen, Risiken und Beziehungen

Zu berichten ist über für den Unternehmenswert kritische finanzielle und nicht-finanzielle Ressourcen, wesentliche Risiken sowie Beziehungen des Unternehmens zu seinen Stakeholdern.

- Geschäftsergebnis und -aussichten

Das (finanzielle und nicht-finanzielle) Ergebnis und die Entwicklung des Unternehmens in der aktuellen Berichtsperiode, dessen Lage am Geschäftsjahresende und dessen Zukunftsaussichten sind zu beschreiben.

- Leistungsmaßstäbe und -indikatoren

Der MC soll Informationen über Leistungsmaßstäbe und -indikatoren enthalten, die von der Unternehmensleitung eingesetzt werden, um die Erreichung der Unternehmensziele zu beurteilen.

Die Themenbereiche hängen inhaltlich zusammen und sollen nicht isoliert dargestellt werden. Sie sind auch nicht verpflichtend, sondern zeigen lediglich mögliche Berichtsinhalte auf. Innerhalb der fünf Themenfelder werden keine speziellen Angaben gefordert, wodurch den Erstellern große Flexibilität bei der Ausgestaltung des MC gewährt wird. (1), (2), (3)

Ein Vergleich von Management Commentary und deutschem Lagebericht

Der MC gem. ED MC weist im Vergleich zum Lagebericht trotz vieler Gemeinsamkeiten eine Reihe von Unterschieden auf. Verschieden sind vor allem die Art und der Detaillierungsgrad der Verlautbarungen sowie der Erstellerkreis, die Adressaten, einzelne Inhalte und die Prüfungspflicht. Mit dem ED MC werden unverbindliche Leitlinien vorgeschlagen, die in ihrer Struktur und Terminologie stark anglo-amerikanisch geprägt und sehr allgemein formuliert. Dadurch bleiben die Leitlinien vage und bieten erhebliche Ermessensspielräume bei der Ausgestaltung des MC. Im Gegensatz dazu werden die Inhalte des Lageberichts im HGB verbindlich vorgegeben und eine Vielzahl von Einzelangaben gefordert. (1), (4)

Der Kreis der Unternehmen, die einen MC aufstellen müssen, wird vom IASB nicht definiert. Trotzdem richtet sich der ED MC in erster Linie an kapitalmarktorientierte Unternehmen. Dementsprechend sind die Adressaten auf die aktuellen und potenziellen Kapitalgeber fokussiert. Die Aufstellungspflicht für den Lagebericht ist hingegen nicht an die Kapitalmarktorientierung, sondern an die Größe und Rechtsform gebunden. Zudem ist der Adressatenkreis weiter gefasst und schließt auch Mitarbeiter, Kunden und Lieferanten ein. Ebenso wie die Pflicht zur Erstellung wird auch die Pflicht zur Prüfung des MC vom IASB nicht geregelt, sondern den nationalen Gesetzgebern und Regulierungsbehörden überlassen. (1)

Inhaltlich bringt der ED MC für deutsche Unternehmen keine neuen Anforderungen mit sich. Lediglich an zwei Stellen geht der ED MC über die Anforderungen des HGB hinaus: Zum einen ist über

Ziele und Strategien des Unternehmens zu berichten. Zum anderen kann aus den Anforderungen an die Berichterstattung zu Leistungsmaßstäben und Indikatoren eine Berichtspflicht zu marktwertorientierten oder unternehmensspezifischen Leistungsmaßstäben erwachsen. (1), (3)

Stellungnahmen des IDW und des DRSC zum Management Commentary

Das Deutsche Rechnungslegungs Standards Committee (DRSC) und das Institut der Wirtschaftsprüfer (IDW) äußerten erhebliche Bedenken, dass mit Einführung freiwillig anzuwendender Leitlinien die internationale Harmonisierung und Verbesserung der Managementberichterstattung erreicht werden kann. Sie sprechen sich deshalb für einen verpflichtenden Standard aus. Der DRSC als auch das IDW begrüßen die detaillierten Anforderungen an die Berichterstattung über Risiken und Chancen. Allerdings weisen beide Institutionen auch auf Punkte hin, bei denen detailliertere Regelungen aus ihrer Sicht zielführender erscheinen.

Der DRSC unterstützt den prinzipienorientierten Ansatz des IASB, da die Regelungen Raum für unternehmensspezifische Informationen lassen. Allerdings sieht der DRSC einen vollständigen Verzicht auf Anwendungsleitlinien kritisch, da diese bei den Anwendern zu einem einheitlicheren Verständnis der Anforderungen beitragen würden. Zudem steht die Entscheidung des IASB, die Entwicklung von Anwendungsleitlinien und erklärenden Beispielen anderen Organisationen zu überlassen, nach Auffassung des DRSC der Zielsetzung entgegen, eine internationale Harmonisierung der Managementberichterstattung zu erreichen. Das IDW sieht hingegen keinen Bedarf an Anwendungshinweisen und illustrierenden Beispielen, sofern die Anforderungen an die inhaltliche Ausgestaltung des MC detaillierter geregelt werden. (1)

Trends

Bis zum 01.03.2010 konnten beim IASB Stellungnahmen zum ED MC eingereicht werden. Die Verabschiedung der finalen Verlautbarung ist für das zweite Halbjahr 2010 vorgesehen. Die Auswertung der Stellungnahmen zum ED MC dokumentiert international einen hohen Zuspruch für unverbindliche Leitlinien. Das IASB wird vermutlich an seiner Entscheidung für diese Form der Verlautbarung festhalten. Die von deutscher Seite bevorzugte Lösung eines Standards mit optionaler Anwendung wird sich damit international (zumindest kurzfristig) nicht durchsetzen. Abzuwarten bleibt, ob die unverbindlichen Leitlinien mittelfristig in einem zweiten Schritt zu einem Standard weiterentwickelt werden. Ein solcher Standard hätte bessere Chancen, das Ziel einer internationalen Harmonisierung der Managementberichterstattung zu erreichen. Er würde zudem für deutsche kapitalmarktorientierte Unternehmen eine Alternative zum Lagebericht darstellen, sofern der Gesetzgeber eine entsprechende Option zur Erstellung eines befreienden MC im HGB verankert. [1]

Fallbeispiele

Im deutschen Lagebericht erfolgt die Darstellung des Geschäftsverlaufs der Berichtsperiode und der voraussichtlichen Entwicklung des Unternehmens aus der Perspektive des Managements. Die Aufstellung eines solchen Berichts ist ein fundamentaler Bestandteil vieler nationaler Rechnungslegungsnormen, wie zum Beispiel in den USA (Managements Discussion and Analysis) und in Großbritannien (Operating and Financial Review). [2]

Der Lehrstuhl für Internationale Unternehmensrechnung der Universität Münster hat im ersten Halbjahr 2009 eine empirischen Studie zu dem Thema -Einschätzungen zum Management-Commentary-Projekt des IASB- durchgeführt. Die Antworten signalisieren eine grundsätzlich positive Einstellung gegenüber einer international harmonisierten Managementberichterstattung. Die meisten Unternehmen des Prime Standards standen einem Management Commentary als potentielle Anwender offen gegenüber, sofern er nicht mit Mehraufwand verbunden ist und er sich international durchsetzen wird. Lediglich 12 Prozent der Unternehmen lehnten eine nicht verpflichtende Guidance explizit ab. (1), (4)

Weiterführende Literatur

(1) Ergänzung des IFRS-Abschlusses um einen Managementbericht Wie ist die Resonanz auf das Management Commentary-Projekt des IASB in Deutschland?
aus Kapitalmarktorientierte Rechnungslegung, Heft 4 vom 1.4.2010, Seite 183 -

(2) Mehr Transparenz durch Management Commentary
aus Die Bank, Heft 03/2010, S. 60-63

(3) Nutzbarkeit eines vom IASB vorgeschlagenen management commentary im Rahmen der strategischen Unternehmensanalyse
aus Kapitalmarktorientierte Rechnungslegung, Heft 11 vom 2.11.2009, Seite 608

(4) Die DRS zur Lageberichterstattung auf dem Prüfstand
aus DER BETRIEB, Heft 09 vom 5.3.2010, Seite 457 - 465

Impressum

Managementbericht - Geplante Ergänzung des IFRS-Abschlusses

Bibliografische Information der deutschen Nationalbibliothek

Die Deutsche Nationalbibliothek verzeichnet diese Publikation in der deutschen Nationalbibliografie; detaillierte bibliografische Daten sind im Internet über http://dnb.d-nb.de abrufbar.

ISBN: 978-3-7379-1389-8

© 2015 GBI-Genios Deutsche Wirtschaftsdatenbank GmbH, Freischützstraße 96, 81927 München, www.genios.de

Alle Rechte vorbehalten. Dieses Werk ist einschließlich aller seiner Teile – z.B. Texte, Tabellen und Grafiken - urheberrechtlich geschützt. Jede Verwertung außerhalb der Grenzen des Urheberrechtsgesetzes bedarf der vorherigen Zustimmung des Verlags. Dies gilt insbesondere auch für auszugsweise Nachdrucke, fotomechanische Vervielfältigungen (Fotokopie/Mikroskopie), Übersetzungen, Auswertungen durch Datenbanken oder ähnliche Einrichtungen und die Einspeicherung und Verarbeitung in elektronischen Systemen.